Sinhá

OS ORIXÁS DANÇAM

DIVINDADES AFRO-BRASILEIRAS

Lulah Small

Sinhá

OS ORIXÁS DANÇAM

DIVINDADES AFRO-BRASILEIRAS

EDICON

Dados Internacionais de Catalogação na Publicação (CIP)
(Câmara Brasileira do Livro, SP, Brasil)

Small, Lulah
Sinhá : os orixás dançam : divindades
afro-brasileiras / Lulah Small. -- São Paulo : Edicon - Editora e Consultoria, 2024.

Bibliografia.
ISBN 978-65-5934-090-3

1. Orixás 2. Orixás - Culto 3. Religiões afro-brasileiras I. Título.

24-192611 CDD-299.6

Índices para catálogo sistemático:
1. Orixás : Culto : Religiões de origem africana 299.6

Eliane de Freitas Leite - Bibliotecária - CRB 8/8415

ilustração de capa: LULAH SMALL

Pesquisa: LULAH SMALL

Fotografias: Gabriel Lordello

Revisão: Pedro Nunes

EDICON
Editora e Consultoria Ltda
(11) 3255 1002 • 3255 9822
Rua Gama Cerqueira, 87 Cambuci
CEP 01539-010 São Paulo/SP
www.edicon.com.br
contato@edicon.com.br

Impresso no Brasil/Printed in Brazil

Para minha mãe pernambucana
e minhas irmãs baianas!

As amas eram de origem iorubá, chamavam-se
Xandú e Teófila, e eu era a

Sinhá

Sumário

Há criaturas como a
CANA (DE AÇÚCAR):
mesmo postas na moenda,
esmagadas de todo,
reduzidas a bagaço, só
sabem dar doçura.

Dom Hélder Câmara

Arcebispo de Olinda e Recife

A CANA-DE-AÇÚCAR

Supõe-se que a cana-de-açúcar seria originária da Índia, há alguns milênios A.C. e se expandiria pela China entre 1800 a 1700 A.C. Difundindo-se para o oeste, alcançaria as nações árabes, o Mediterrâneo e a Europa.

Os árabes introduziram o açúcar nos mercados Europeus Medievais, mas o produto era raro e caro, apenas os ricos podiam consumir.

A ilha de La Spañola, atual República Dominicana e Haiti, foi o primeiro local onde foi introduzido o plantio, no Caribe e mesmo ainda na fase experimental de cultivo, já, paralelamente, começaram a ser trazidos escravos africanos no ano de 1510.

De La Spañola, seguiram-se Porto Rico, Cuba e as então recentes conquistas no continente sul americano.

A primeira remessa de cana-de-açúcar foi enviada do Caribe à Espanha em 1516.

Cientes do sucesso, os portugueses não hesitaram em transportá-la, da Ilha da Madeira, onde estava sendo cultivada, desde meio século, para a costa nordeste do Brasil onde a indústria açucareira cresceria, especialmente, nas imediações de Pernambuco e da Bahia, com a chegada em 1530, dos escravos africanos para trabalhar nos Engenhos de Açúcar onde quase tudo era feito pelo trabalho escravo "os escravos são as mãos e pés dos Senhores de Engenho", sendo que alguns Engenhos chegaram a possuir centenas de escravos.

"No começo do século XVII, Pernambuco foi a maior e mais rica região de produção de açúcar do mundo".

Sem perda de tempo, os ingleses, franceses e holandeses, nos meados do século XVII, entraram também nesse cenário de colonização de terras e exploração da cana-de-açúcar.

E desde então iria se estabelecer uma relação profunda entre a saga desses povos e a história da cana-de-açúcar, em particular.

Seguiu-se uma época de longa expansão e do Período Áureo do Grande Império do Açúcar nos séculos XVII e XVIII.

O ENGENHO PASSASSUNGA

O ENGENHO PASSASSUNGA, em Limoeiro, Pernambuco, século VXIII, que tinha SÃO SEBASTIÃO como seu Patrono, a 77 km do Recife, com grande produção açucareira era um dos maiores da época, com numerosos escravos africanos. "Deste engenho há noticias de negros escravizados, fugidos".

Em 1848 houve notícia de negros fugidos: "Quinta-feira, 30 de março de 1848. Escravos Fugidos – Fugiu, no dia 19 do corrente, do Engenho PASSASSUNGA, o preto Benedito, crioulo, alto, olhos vivos, muito regrista, pés cambados e com algum roído de bicho nos calcanhares; levou camisa e calças de algodão azul, chapéu de palha; há toda a probabilidade que tenha fugido para o Recife a procurar um homem que o queria comprar, quando a pouco aqui esteve: quem o pegar leve-o a rua Queimado, n. 10, a Luiz Antônio Pereira, que recompensará generosamente." Diário de Pernambuco, Recife, segunda-feira, dia 30 de março de 1998.

O Engenho era basicamente formado por dois setores: agrícola, compreendendo os canaviais, e beneficiamento: a casa do engenho onde a cana-de-açúcar era transformada em açúcar e aguardente.

Os engenhos podiam ser movidos a água ou pela força dos bois.

A Casa-Grande era residência do Senhor de Engenho e sua família, e no ano de 1808, no dia 27 de maio, ali nasceu João Francisco de Arruda Falcão, pai da minha bisavó Bella Siqueira de Arruda Falcão.

A construção lembrava as do Norte de Portugal, com dois pavimentos, muitas janelas, cobertura de telhas de barro, as chamadas telhas de coxas que os escravos, despejando o barro sobre suas próprias coxas, moldavam com as mãos, sendo que posteriormente foram acrescentadas nas edificações as varandas e as escadas na parte externa.

O interior tinha pouca mobília, além de redes, colchões para dormir, tamboretes e bancos para sentar.

A dependência sanitária era chamada "quartinho".

A capelinha dedicada à NOSSA SENHORA DO ROSÁRIO, com três portas verdes na fachada, pintada de branco, era simples, para abrigar somente a comunidade e os escravos que eram, muitas vezes, forçadas a frequentar as solenidades religiosas dos Senhores de Engenho, nos domingos e dias santos. Os escravos, fingindo aceitar os santos dos brancos, mas, ao mesmo tempo mantendo-se fiéis a suas divindades, encontraram, no sincretismo, a solução para a convivência pacífica com seus Senhores.

Havia um cemitério ao lado da Capela.

A Senzala, alojamento dos escravos, era insalubre, sem ventilação e higiene.

Na cozinha, o cozimento dos alimentos era feito em tachos de ferro.

A comida oferecida pelo Senhor de Engenho era pouca: feijão, farinha de mandioca, angu, abóbora, couve, raramente, um pedaço de carne de porco fresca ou salgada, rapadura.

Mas os escravos haviam trazido na memória os usos e gostos da MÃE AFRICA, e era na chamada "cozinha negra" da senzala que explodia toda a magia dos sabores do vatapá, caruru, acarajé, cozinhados no azeite de dendê...

É sabido que o Candomblé ajudou e muito a difundir a comida africana que era servida aos Orixás.

OS ORIXÁS

"No princípio existia tão somente céu e água, e Olorun, o deus supremo, governava o céu como o rei dos deuses. Ele ordenou a Orixalá, o mais velho dos deuses, que descesse e criasse terra onde existia água. Entretanto, no caminho Orixalá juntou-se a outros deuses que participavam de uma festa, e mais tarde descobriu que seu irmão mais novo Odudua havia criado o mundo em seu lugar. Eles discutiram e todos os outros deuses tomaram partido na briga. Olorun, finalmente, pôs termo à disputa, dando a Orixalá o poder de criar a humanidade, enquanto a Odudua foi permitido governar a terra que ele havia criado, tornando-se o primeiro rei iorubá, soberano da antiga cidade de Ifê[1], onde primeiramente havia descido quando da sua vinda do céu. O povo iorubá ainda considera Ifê como centro de sua civilização. Daqui os 16 filhos de Odudua partiram para fundar seus próprios reinos, e alguns de seus filhos fizeram o mesmo."

Ben Burt, The Youruba And Their Gods.

---

1 A Arte de Ifê, a cidade santa dos iorubanos, consequentemente, iria influenciar a arte de Benin, cujo apogeu parece ser possiivel assinalar-se entre os séculos XVI e XVII.

"Durante séculos a cidade de Benin floresceu como um reino altamente estruturado cujo Obá, o Rei, era o ponto central de toda atividade leiga e espiritual do povo de Benin. A cidade era subdividida em muitas áreas e sacerdotes, médicos, artesões, guerreiros e outros profissionais, todos eles, tinham seu território próprio.

Dentro da ára chamanda Igu-Eromwo viviam os fundidores de bronze (...).

A Ama ou placa de bronze era um dos objetos mais importantes fundidos pelos artesões, já que essas placas serviam de registros históricos de importantes atividades cerimoniais. As placas também serviam de ornamentação arquitetônicas ao palácio do Obá; elas eram afixadas às colunas que apoiavam as longas galerias do palácio."

Museum of Fine Arts – Houston – TX - USA

Todo ser humano nasce sob a influência de um orixá, que além de se tornar guia e protetor espiritual, por toda vida, ainda lhe confere suas próprias características, sejam elas positivas ou negativas.

Influências

OXALÁ

Em certos relatos míticos, Orixalá (Oxalá, Obatalá) e Odudua se confundem numa só divindade, andrógina, expressa simbolicamente pela cabeça dupla.

Segundo outros mitos, Oxalá é considerado uma divindade masculina, simbolizando o céu, e Ododua, uma divindade feminina, ou seja, a terra.

As pessoas nascidas sob a influência de OXALÁ são de temperamento calmo, ainda que muitas vezes não aparentem, e não guardam rancor. Apresentam grande qualidade de liderança.

NANÃ BURUKU

As pessoas nascidas sob a influência de NANÃ são maduras, conscienciosas, lentas, firmes, sérias, bondosas, simpáticas e extremamente limpas. São também de temperamento artístico.

OMOLÚ ou XAPANÃ

As pessoas nascidas sob a influência de OMOLÚ ou XAPANÃ são sóbrias, reservadas, geniosas, independentes, teimosas, com facilidade de comunicação e generosidade destacada.

EXU

As pessoas nascidas sob a influência de EXU são muito atadas aos bens materiais, extravagantes, mundanas e extremamente vaidosas.

OXUMARÉ

As pessoas nascidas sob a influência de OXUMARÉ são de temperamento desconfiado, retraídas, inconstantes e muito observadoras.

OGUN

As pessoas nascidas sob a influência de OGUN são impetuosas, belicosas, arrogantes, autoritárias, até certo ponto egoístas, cautelosas e desconfiadas.

OXÓSSI

As pessoas nascidas sob a influência de OXÓSSI são irrequietas, dinâmicas, irradiam simpatia, segurança, são altruístas, abnegadas, possuem elevado senso coletivo, são muito sinceras e possuem também um enorme espírito de iniciativa e liderança.

XANGÔ

As pessoas nascidas sob a influência de XANGÔ são voluntariosas, agressivas, dominadoras, ambiciosas, sensuais, denotam qualidades de liderança e são ansiosas por posição de comando.

IANSÃ

As pessoas nascidas sob a influência de IANSÃ são inquietas, ativas, empreendedoras, sensuais, caprichosas, voluntariosas, vaidosas, excêntricas, incansáveis, dominadoras e belicosas.

OXUM

As pessoas nascidas sob a influência de OXUM são calmas, sonhadoras, altruístas, desprendidas, ponderadas, pacíficas, etéreas e nobres.

IEMANJÁ

As pessoas nascidas sob a influência de IEMANJÁ possuem uma força de vontade férrea, são temperamentais, obstinadas, ciumentas, faladeiras, vaidosas, altivas, protetoras, maternais, sérias, demoram a perdoar uma ofensa, e, se perdoam, não a esquecem...

Sincretismo

De todas as culturas conservadas no Novo Mundo, foi a iorubá que, na esfera religiosa, permaneceu mais fiel, às tradições ancestrais e que melhor assimilou um sincretismo com o catolicismo.

Para se entender como não foi difícil elaborar esse sincretismo, é preciso salientar que a maioria das tribos africanas adorava um ser supremo, que para os nagôs era conhecido como Olorun.

O filho de Olorun, Orixalá ou Oxalá, facilmente se identificou com Jesus Cristo.

Todas as demais divindades, situavam-se num plano inferior e foram reconhecidas, no sincretismo afro-católico, como os santos.

OXALÁ

OXALÁ é no Brasil o orixá da criação que se biparte em OXAGUIAN e OXALUFAN.

No sincretismo afro-católico, o primeiro é o menino Jesus, o segundo é Jesus Cristo na idade adulta e, particularmente na Bahia, é o SENHOR DO BONFIM.

Sexta-feira é consagrada a OXALÁ por causa do culto ao Senhor do Bonfim e, reza a tradição, deve-se fazer das igrejas dedicadas a Jesus a residência de OXALÁ.

NANÃ BURUKU

NANÃ BURUKU no Brasil, considerada a mais idosa das mães d'água, sincretizada com Santana.

O seu dia consagrado é a terça-feira. É festejada no dia 26 de julho, e participa das honras a Iemanjá em posição secundária.

XAPANÃ ou OMOLÚ

XAPANÃ ou OMOLÚ é representado de duas maneiras: como um jovem, OBALUAÊ, ou o começa do ciclo da vida, ou como um ancião, velho e doente, ABALUÊ, ou seja, o fim do ciclo da vida e o consequente renascimento.

Como OBALUAÊ, o moço, é sincretizado com São Sebastião e, como ABALUÊ, o velho, é sincretizado com São Lázaro.

É homenageado no dia 16 de agosto e o seu dia consagrado é a segunda-feira.

EXU

Desde tempos imemoriais já era conhecida na África a associação de dois personagens, EXU, o mensageiro, e IFÁ, o oráculo, e tanto para os nagôs como para os jejes, conhecido como LEGBA, continuaram com as suas características fundamentais africanas, ou seja, intermediários entre os deuses e os homens.

EXU, exceto pelos nagôs e jejes, era completamente desconhecido pelos negros das outras nações que aqui chegaram, daí ter sido largamente mal interpretado e sincretizado ao diabo cristão.

Seu dia consagrado é a segunda-feira, mas atua todos os dias, pois sem ele nada se pode fazer...

Em Cuba e na América Latina, ORULA, também chamado ORUMILÁ-IFÁ, é o Oráculo Supremo da adivinhação e da profecia, sincretizado com São Francisco Xavier, e apesar de altamente difundido entre as nações do Golfo da Guiné, chegou ao Brasil na mais simplória de suas manifestações, ou seja, o jogo de Búzios.

OXUMARÉ

OXURUMARÉ, em alguns relatos míticos, é o filho de OXALÁ com NANÃ BURUKU, irmão de OMOLÚ e EXU.

No Brasil é sincretizado com São Bartolomeu e o seu dia consagrado é a terça-feira.

OGUN

OGUN, "o Vulcano dos negros", perderia no Brasil o seu caráter de "patrono das artes manuais", passando a ser interpretado, em uma das suas facetas não tão importantes, ou seja, a guerreira, e algumas vezes como deus do ferro.

É o dono das estradas, o orixá que abre os caminhos em todas as circunstâncias, devido às suas estreitas relações com EXU, seu escravo.

Na Bahia, é sincretizado com Santo Antônio, com São Jorge no Rio de Janeiro.

Seu dia consagrado é a terça-feira, no entanto, como OGUM comanda os Exus, sua ajuda é necessária todas as vezes que se quer realizar um bom trabalho.

OXÓSSI

OXÓSSI, conhecido na Nigéria sob a denominação de ENRILE ou UBULOAMA, na escala hierárquica das divindades era considerado um orixá de importância menor, o mesmo não acontecendo no Brasil, onde ocupa um lugar de destaque na liturgia do candomblé.

Na Bahia é sincretizado com São Jorge e é representado, nos candomblés, pela própria imagem católica do santo, e com São Sebastião no Rio de Janeiro.

É festejado no dia de Corpus Christi, e quinta-feira é o seu dia consagrado.

XANGÔ

XANGÔ, legendário rei da cidade de OIÓ, antiga capital política dos nagôs, ainda hoje governada por seus descendentes, é na Nigéria considerado patrono dos intelectuais, dos artistas e dos que se destacam pela inteligência.

No Brasil, perdeu grande parte dessa sua característica de "patrono dos intelectuais", talvez por não terem vindo para cá membros da classe sacerdotal do povo nagô, predominando a sua faceta de justiceiro, controlador das forças do fogo, punidor dos maus. Além dessa sua manifestação principal, que é a mais conhecida, surge, raramente, como adolescente, Xangô de Ouro, ou como velho e cansado, Airá. É considerado um orixá fálico.

É sincretizado ora com São Jerônimo, ora com São João Batista, ora com São José, como Xangô Aganju, ora com Santa Barbara, sendo o seu caráter masculino cada vez mais marcante.

Como Xangô de Ouro é sincretizado com São João Menino e, como Airá, com São Pedro.

XANGÔ, como divindade andrógina, em Cuba é sincretizado com Santa Bárbara.

Seu dia consagrado é a quarta-feira e é festejado no dia 30 de setembro.

OBÁ

OBÁ, a primeira mulher de Xangô, a mais velha e menos favorecida pela formosura...

É sincretizada com Santa Joana D'Arc, por ser uma grande guerreira.

É o ORIXÁ do RIO OBÁ ou NÍGER, o principal da África Ocidental.

O seu dia celebrado é o 30 de maio e relembra a data quando Joana D'Arc foi queimada viva no ano de 1431.

IANSÃ

IANSÃ, terceira mulher de XANGÔ, conhecida também sob a denominação de OIÁ, é a deusa dos ventos, dos relâmpagos e do rio Niger.

Orixá de temperamento ativo, tempestuoso, irrequieto, empreendedor, desinibido e cheio de iniciativa, revelou-se uma extraordinária guerreira, conquistando inúmeras vitórias nas campanhas de XANGÔ.

É sincretizada com Santa Barbara, patrona dos artilheiros. Em Trinidad, como OIÁ, é associada a Santa Catarina.

É festejada no dia 4 de dezembro e seu dia consagrado é quarta-feira.

OXUM

IEMANJÁ e OXUM, no Brasil, são frequentemente confundidas e identificadas em um mesmo culto por representarem elementos de água salgada e doce, respectivamente; assim é que, quando na dúvida, oferendas são muitas vezes dedicadas aos pares, com o objetivo de satisfazer a ambas.

OXUM é o orixá da formosura e se representa, comumente, como uma adolescente muito vaidosa e coquete. A sua graciosidade e natureza infantil manifesta-se pelo seu gosto por bonecas e brinquedos, que são colocados em seu "assentamento".

É sincretizada no Brasil com Nossa Senhora da Candelária, Nossa Senhora da Conceição, Nossa Senhora dos Prazeres. Em Cuba é associada à Nossa Senhora da Caridade e em Trinidad a Nossa Senhora das Dores.

Seu dia consagrado é o sábado e é festejada no dia 2 de fevereiro.

IEMANJÁ

IEMANJÁ, divindade da água doce na Nigéria, teria se tornado no Brasil a deusa dos oceanos.

É representada no Candomblé como uma mulher ajoelhada barriguda, de seios enormes, sustentando uma gamela na cabeça.

Embora essa representação seja por nós conhecida, foi, entretanto, suplantada pela imagem da "Sereia", nos moldes da mitologia europeia: metade peixe, com a cauda prateada, e na parte feminina com seios fartos e sensuais, cabelos de tonalidades esverdeada e coloração semelhante à pele humana.

Outras representações a mostram grávida, as mãos colocadas ao longo do ventre, seios muito volumosos, simbolizando a maternidade. É sincretizada com todas as Nossas Senhoras que usam capa branca: Nossa Senhora da Piedade, Nossa Senhora do Rosário, Nossa Senhora das Candeias, Nossa Senhora das Dores e Nossa Senhora da Conceição da Praia, Padroeira da Bahia, sendo esse o sincretismo predominante. Em Cuba é sincretizada com Nossa Senhora da Menstruação (Virgem de Regla).

O seu dia consagrado é o sábado e é festejada também no dia 2 de fevereiro.

Candomblé

OS ORIXÁS DANÇAM

Oxalá com o paraxó requebra... Nanã Buruku dá passos vagarosos devido à idade...Xapanã com passadas rápidas segura o xaxará...Oxumaré com sua serpente de ferro mostra o céu e a terra... Ogun cavalga suas iaôs... Oxóssi com sua espingarda imaginária está sempre pronto para atirar... Xangô jinga majestoso ao som do batá...Iansã afasta os eguns...Oxum finge que caminha para se banhar no rio...Iemenjá curvada interpreta o mar revolto...

OXALÁ

OXALÁ, quando se manifesta em suas duas formas, OXAGUIAN ou OXALUFAN, dança requebrando o corpo com ligeira flexão dos joelhos. O PARAXÓ é o seu apetrecho mais característico. Seu metal é o ouro.

Os adeptos de OXALÁ usam colares de miçangas brancas leitosas e se vestem de branco.

SAUDAÇÃO: OXAGUIAN "Ep, ep, babá"

OXALUFAN "Êxê- ê-babá"

NANÃ BURUKU

NANÃ dança como uma pessoa de idade avançada, carregando uma criança nos braços. Suas cores são o azul-claro e o branco, ou o roxo-claro (lilás). Seu metal é o cobre.

Seus adeptos usam colares de miçangas azuis e brancas ou lilás.

SAUDAÇÃO: "Salubá"

XAPANÃ ou OMOLÚ

XAPANÃ ou OMOLÚ é representado de duas maneiras diversas: como um jovem, OBALUAÊ, ou como um ancião, velho e doente, ABALUÊ.

Quando dança OBALUAÊ usa passadas rápidas, de um lado para outro, com o braço estendido ora em direção à direita ora à esquerda. Como ABALUÊ, dança com as mãos voltadas para o chão, o corpo dobrado como que sentindo dores, convulsões, vômitos ou calafrios de febre.

Seus adeptos usam colares ou guias de miçangas pretas e brancas, para OBALUAÊ, e pretas, brancas e vermelhas, para ABALUÊ, sendo que OBALUAÊ tem uma guia especial feita de búzios, assim como ABALUÊ tem também uma feita de búzios que usa a tiracolo e é recoberta de palha-da-costa entrelaçada.

Suas cores são preto e branco, para OBALUAÊ, e preto, branco e vermelho, para ABALUÊ.

Na mão, segura um cetro, que é sua insígnia, denominado XAXARÁ. Seu metal é o estanho.

SAUDAÇÃO: "Atôtô"

EXU

EXU, conhecido como LEGBA para os jejes, foi por muito tempo, na África, representado por um enorme falo, hoje substituído por uma pedra em pé. As danças em sua homenagem são uma representação do ato sexual. No Brasil as guias dos seus seguidores são de miçangas vermelhas e negras.

SAUDAÇÃO: "Larôiê"

OXUMARÉ

OXUMARÉ dança mostrando alternadamente o céu e a terra e traz em sua mão uma serpente de ferro.

Seus seguidores usam guias de miçangas amarelas e verdes. Suas cores são as sete do arco-íris e seu metal é a prata mesclada com o ouro.

SAUDAÇÃO: "Arrôbôbô"

OGUN

OGUN dança montando sobre suas iaôs, imitando a guerra, traçando espada, com movimentos de esgrimista, e adquire uma expressão feroz.

Seus seguidores usam guias de miçangas azul-marinho, pulseiras de cobre, latão ou bronze. Suas cores são o azul-marinho, assim como combinações de vermelho, verde e branco. Seu metal é o ferro.

SAUDAÇÃO: "Ogunhê Patokôri"

OXÓSSI

OXÓSSI dança fazendo movimentos que representam a caça e com as mãos imita uma espingarda, apontando para atirar.

Seus seguidores usam guias feitas de miçangas verdes-escuras, sendo que alguns pais de santo adotam o verde e o branco, combinados, ou o azul-claro. Sua cor é o verde. Seu metal é o estanho.

SAUDAÇÃO: "Okê"

XANGÔ

XANGÔ dança na África ao som de um tambor, BATÁ. Seus movimentos são majestosos, como convém a um antepassado mítico. Brande sua insígnia, dupla machadinha estilizada em forma de T, enquanto faz um gesto de tirar "as pedras de raio" de uma sacola imaginária e de lançá-las por terra.

No Brasil os ritmos permanecem os mesmos: vibrantes, coloridos, bruscos e majestáticos, apesar de serem usados diferentes tipos de tambores.

Seus adeptos usam guias de miçangas vermelhas e brancas, leitosas. Suas cores são vermelho e o branco, embora algumas vezes seja a combinação do castanho e branco. Seu metal é o cobre

SAUDAÇÃO: "Kanô Kabiêcile"

IANSÃ

IANSÃ dança ou como uma guerreira, ou com uma movimentação violenta, como se estivesse desencadeando a fúria dos elementos e da natureza, ou ainda com os braços estendidos e as mãos para a frente, tentando afastar os EGUNS, ou seja, a alma dos antepassados, ou dos mortos, por que é o único orixá que tem o poder de os comandar e os dominar...

Seus adeptos usam guias de miçangas vermelhas e suas cores são o vermelho e o branco. Seu metal é o cobre.

SAUDAÇÃO: "Eparrei"

OXUM

OXUM dança fazendo um movimento como se tivesse um leque na mão direita; imita uma adolescente, faceira e charmosa, que vai se banhar no rio, requebra-se com graça e olha com prazer a sua imagem refletida no espelho; agita mimosamente os braços a fim de mostrar os inúmeros braceletes; usa colares e brincos.

Seus seguidores usam guias de miçangas amarelo-ouro ou azul-claro.

Sua cor é o amarelo dourado.

Seu metal é o ouro velho ou a prata velha.

SAUDAÇÃO: "Óra- iê- iê- ô"

IEMANJÁ

IEMANJÁ dança curvada para frente, encolhendo os braços para si mesma, à altura do baixo-ventre, interpretando o movimento das águas agitadas. As canções do seu ritual são suaves e agradáveis.

Suas guias são de miçangas brancas, transparentes, de preferência de cristal ou azul-claro.

Suas cores são o branco transparente, prateado, ou azul muito claro.

Seu metal é a prata e seu fetiche é uma pedra ou concha marinha.

SAUDAÇÃO: "Ódô- ijá- ê"

"Cozinha negra"

EXPLOSÃO DE SABORES

Arroz de hauçá, acaçá, dendê, abará, feijão branco, amendoim, caruru (omalá), acarajé, omolucum (feijão fradinho e ovos), manjar branco.

OXALÁ

OXALÁ prefere cuscuz de arroz e de tapioca, arroz de hauçá (arroz com mel de abelha) e canjica. Não tolera temperos, sal, azeite, nem alimentos de cor.

NANÃ BURUKU

NANÃ BURUKU prefere acaçá, camarão de água doce, pipoca e dendê.

XAPANÃ ou OMOLU

XAPANÃ ou OMOLU prefere bife de porco, mel de abelha, farinha de milho e dendê.

EXU

EXU come tudo.

OXUMARÉ

OXUMARÉ prefere abará, feijão-fradinho, manjar branco e dendê.

OGUN

OGUN prefere feijão branco, feijão-preto cozido (apenas amolecido), bife acebolado e dendê.

OXÓSSI

OXÓSSI prefere galinha d'angola, camarão seco, amendoim e dendê.

XANGÔ

XANGÔ prefere omalá, ou seja, o caruru especial de XANGÔ, inhame-branco, pirão de mandioca e dendê.

IANSÃ

IANSÃ prefere abará, beterraba, dendê e principalmente acarajé, porque sabe a delícia que é...

OXUM

OXUM prefere cana-de-açúcar, ovos, omolucum (feijão-fradinho e ovos).

IEMANJÁ

IEMANJÁ prefere manjar branco, leite de coco, coquém e dendê.

Sobrevivência das lendas iorubás em relatos míticos

OXALÁ

"De acordo com a mitologia africana, Iemanjá, a filha de OLOKUM, foi designada a ser a mãe dos orixás por OLORUM.

Como ela possuía uma beleza notável, todos desejavam casar com ela. Sendo assim, OLOKUM resolveu perguntar a ORUNMILÁ[2], com qual pretendente sua filha deveria se casar.

ORUNMILÁ, por sua vez, disse que ele deveria pegar um cajado de madeira e dar a cada um dos pretendentes.

Além disso, eles deveriam passar a noite dormindo sobre uma pedra e segurando o cajado de forma que garantisse que ninguém pudesse pegá-lo. Assim que amanhecesse, aquele que estivesse com o cajado florido seria, portanto, o escolhido por ORUNMILÁ para ser o marido de IEMANJÁ.

Deste modo, todos os pretendentes cumpriram com as regras e, no dia seguinte, o escolhido foi OXALÁ, que teve o seu cajado coberto com flores brancas, tornando-se o pai dos orixás."

---

2 ORUNMILÁ IFÁ, o ORÁCULO SUPREMO da Adivinhação e da Profecia.

NANÃ BURUKU

Segundo relatos míticos, é a esposa mais velha de OXALÁ, de quem gerou três filhos: OMOLÚ, EXU e OXUMARÉ.

É a divindade das águas profundas, e suas lendas nos contam que vive no fundo, de um rio da África Ocidental, sozinha, entre as algas, que são os seus cabelos.

Seu caráter é difícil de ser definido porque se modifica de acordo com as diferentes regiões e templos que lhe são dedicados.

No Brasil é considerada a mais idosa das mães d'água, que limpa e purifica a atmosfera, proporcionando aos seres humanos melhores condições de vida.

É o orixá da chuva.

XAPANÃ OU OMOLÚ

Era filho de OXALÁ e NANÃ BURUKU, e desde que nasceu já possuía chagas por todo o corpo, que causavam um tremendo mau cheiro.

NANÃ, pensando que fosse varíola, doença contagiosa que já havia dizimado uma porção de gente, colocou-o numa cestinha, e o deixou a beira-mar, para que a maré cheia o levasse.

IEMANJÁ, num dos seus costumeiros passeios pela praia do Rio Vermelho, encontrou-o e imediatamente o reconheceu e o colocou em seu regaço e o criou como se fosse seu filho.

O tempo passou e XAPANÃ ou OMOLÚ, como OBALUAÊ, tornou-se um famoso guerreiro, caçador, feiticeiro, que cobria o corpo com palha-da-costa, não com o intuito de esconder as suas feridas, mas porque o seu corpo brilhava tanto como se fosse a luz do próprio sol...

Um belo dia, IEMANJÁ, chamou, então, NANÃ e assim falou: XAPANÃ, eis aqui a sua verdadeira mãe, NANÃ, eis aqui o seu filho!

XAPANÃ ou OMOLÚ conseguiu perdoar a sua verdadeira mãe de sangue e desse dia em diante passou a conviver com as duas mães como se fosse uma..

OXUMARÉ

De acordo com a Mitologia Iorubá, Oxumaré é o filho caçula de Oxalá e Nanã Buruku, irmão de Xapanã e Exu.

Nanã Buruku por ter tentado matar seu primogênito Xapanã ou Omolu, foi amaldiçoada por Olorum o Ser Supremo, recebendo como punição, segundo reza a lenda, que seu filho Oxumaré, de rara beleza nascesse sem pernas, tendo que rastejar pelo chão e se enroscar pelas árvores como se fosse uma serpente...

É o orixá do Arco-Íris, imaginado como uma Serpente Mítica.

Andrógino, simboliza o movimento Gay, nas cores de sua bandeira.

OXÓSSI

Rei de KETU, que se transformou no deus dos caçadores, é a manifestação da sobrevivência pelo sustento. Habita as profundezas das matas, com seus animais, escondido entre a vegetação nativa. Segundo ainda a mitologia nagô, era esposo de OXUM, antes de ela casar-se com XANGÔ.

Conhecido na Nigéria sob a denominação de Erinle ou Ibuloama e em Daomé como Agué, era, entretanto, na escala hierárquica das divindades, considerado um orixá de importância menor, o mesmo não acontecendo no Brasil, onde ocupa um lugar de destaque na liturgia do candomblé.

A cidade de Ketu foi completamente destruída em 1886 pelas guerras tribais, assim como o tráfico dos escravos contribuiu, enormemente, para que isso acontecesse. Consequentemente o culto a OXÓSSI foi esquecido.

OGUN

Irmão de OXÓSSI e de XANGÔ, era um guerreiro notável, tornando-se mais tarde o orixá dos ferreiros e da guerra, dos cultivadores e de todos os que trabalham e utilizam o ferro.

Segundo relato do casal Herskovits[3], no Daomé este poderoso orixá, denominado GU, não possuía forma humana: "O seu tronco era de pedra, e dele projetava-se uma lâmina de metal..."

Incumbido de tornar habitável a terra, "foi GU quem deu os instrumentos com que o homem pôde construir abrigos, lavrar a terra, abater árvores para prover-se de lenha, fazer barcos e utensílios, e triunfar sobre o inimigo... Como parte desta obrigação de ensinar ao homem o uso de instrumentos, revelou o conhecimento da metalurgia do ferro – e até hoje está ocupado nisso. Eis porque os seus altares sempre se encontram ao ar livre, pois, se tivessem telhado, arderiam..." E finalmente, "GU é a força que ajudou o homem a adaptar-se ao mundo."

"Os deuses se representam (...) por objetos inanimados, água, pedras, conchas, pedações de ferro, árvores e frutos. Especialmente pelas pedras (...)". Edison Carneiro, Candomblés da Bahia.

---

3 Melville Herskovits e Frances.

XANGÔ

Os escravos, particularmente os nagôs e jejes, estabeleciam a existência de "correspondência" entre as passagens da vida dos deuses, de certos mitos de suas divindades, ou mesmo chegavam a atribuir a seus deuses lendas populares cristãs.

Por exemplo, a crença de que São João Batista dormia enquanto eram dedicados festejos em sua homenagem, e que não deveria ser perturbado, senão desceria do céu e poria fogo no mundo, foi também atribuída a XANGÔ, quando foi sincretizado com São João Batista devido aos fogos.

Outras vezes, chegando mesmo a ser regra entre as populações analfabetas, eram as litografias dos santos que iam orientar as correspondências: tomando-se, mais uma vez, XANGÔ, à medida de exemplificação, que foi também sincretizado com São Jerônimo, porque nas litografias São Jerônimo aparecia ao lado de um cordeiro e o alimento sacrificial de Xangô é o carneiro.

IANSÃ

Eram irmãs, as três mulheres de XANGÔ.

OBÁ, a mais velha e menos atraente, OXUM, a do dengue e da formosura, IANSÃ, a guerreira, conhecida também sob a denominação de OYÁ, que é a deusa dos ventos, relâmpagos e do Rio Niger.

Orixá de temperamento ativo, tempestuoso, irrequieto, empreendedor, desinibido, e extraordinária guerreira, conquistando inúmeras vitórias nas campanhas de XANGÔ.

Lendas nos contam que teria provado da "comida secreta" de XANGÔ, conquistando, ela mesma, a habilidade de soltar labaredas pela boca e narinas, para grande raiva de XANGÔ, que queria conservar para ele mesmo tal poder...

Segundo, ainda, outros relatos míticos, mesmo sendo a esposa mais nova, mais bela e favorita, não deixou de aconselhar a sua irmã mais velha, OBÁ, primeira mulher de XANGÔ, e menos favorecida, que cortasse e cozinhasse uma das próprias orelhas, para assim poder conquistar os favores do rei iorubá, deus do trovão.

Baseado no livro Candomblés da Bahia – Edison Carneiro.

OXUM

Segunda mulher de XANGÔ, é a deusa das fontes, riachos e cachoeiras.

De acordo ainda com a mitologia nagô, OXUM teria sido também esposa de OXÓSSI antes de se tornar mulher de XANGÔ.

Conta-nos a lenda que um rei, após incessantes buscas à procura de um lugar ideal para se estabelecer com seu povo, finalmente ali, às margens do RIO OXUM, o encontrou.

Segundo ainda reza a tradição, o rei fez um pacto de amizade com a deusa OXUM e anualmente, no lugar exato onde foi efetuado o acordo, passou a depositar oferendas à divindade, tradição essa que ainda perdura entre os reis e seus descendentes, intitulados Ataojá.

Em OXOGBÔ, o templo mais antigo dedicado a OXUM está situado às margens desse rio e a população, na época das festividades, durante um período de quatro dias, oferece inúmeros presentes à deusa, partilhando assim, também, desse ritual de amizade entre o rei e o orixá do rio.

IEMANJÁ

Uma lenda nos conta que "(...) os primeiros negros tentaram o suicídio em massa, ainda no bojo das naves que os traziam para o cativeiro. E numa noite, um deles teve a visão da Grande Senhora, que aconselhou coragem e disse-lhe da necessidade da conquista de novas terras para divulgação da Grande Fé." Zora Seljan, Iemanjá e suas lendas.

Quem seria a Grande Senhora?

IEMANJÁ? Nossa Senhora da Conceição da Praia?

Só sei que o sincretismo entre IEMANJÁ e Nossa Senhora da Conceição da Praia é o mais predominante, dentre todas as outras Nossas Senhoras de Capa Branca.

IEMANJÁ é um dos orixás mais celebrados no Brasil. A maior das homenagens que lhe é prestada ocorre, sem dúvida, em Salvador, Bahia, no dia 2 de fevereiro, à beira-mar, no Rio Vermelho.

Esta celebração continua muito vívida na minha memória de infância, porque morávamos na Rua Guedes Cabral, número 12, Praia do Rio Vermelho, e a nossa casa era em frente à de Iemanjá...

Ansiosas, eu e minhas irmãs Margô e Sonia esperávamos por tal dia, para vermos depositados na sua "casinha", situada no topo do penhasco, os mais variados presentes, em um enorme "balaio": sabonetes, caixas de pó de arroz, pentes, vidros de perfume, espelhos, pulseiras, colares, rosas, cravos, bilhetes, preces, dinheiro, lenços de seda, revistas, além de muitas outras espécies de oferendas.

Ao som dos atabaques e dos cânticos em sua honra, as mães de santo e os devotos desciam a encosta que os conduzia à praia, onde os presentes eram colocados num "saveiro" profusamente ornamentado, que se lançava ao mar, seguido por todo tipo de embarcação...

A flotilha se afastava lentamente, confundindo-se naquela imensidão de mar, e os raios de sol, intensos, que ofuscavam a nossa vista...

Quando, finalmente, as ofertas eram lançadas ao mar, era preciso que chegassem até o fundo, na "LOCA" de IEMANJÁ, para serem aceitas...

Na manhã seguinte, corríamos até a beira-mar, para vermos, de perto, flutuando sobre as ondas, ou jogadas na beira da praia, as dádivas que haviam sido rejeitadas...

Desde essa época, quem sabe, teria nascido, em mim, o "XODÓ" pelos orixás, que permaneceu latente por tanto tempo, mas que despertou, fortemente, ao contato com outras culturas primitivas...

A esse culto mestiço, de santos brancos e orixás negros, gerado pelo desespero de continuidade, adaptação e sobrevivência,

SARAVÁ!

DIVINDADES AFRO-BRASILEIRAS

As divindades afro-brasileiras são o tema preferido da pintora Lulah Small. As fortes impressões adquiridas na sua infância, e adolescência em Salvador, Bahia, sua terra natal, incentivaram a artista a pesquisas detalhadas das fontes originais etnológicas. Extensas viagens enriqueceram ainda mais seus conhecimentos e sua própria arte, como, por exemplo, a arte aborígene australiana e a arte das ilhas do sul do Pacífico, de um modo geral. A composição ao mesmo tempo, decorativa e rigorosa, em combinação com a grande sensibilidade da artista na escolha das cores, torna o simbolismo desses quadros ainda mais impressionantes. A escolha do material de tela ou papel de textura grossa, branco, amarelo fosco ou vermelho-escuro, sobre o qual são aplicadas acrílico ou tintas em várias camadas até conseguir a consistência necessária para conferir o aspecto de colagem ou xilogravura.

O dualismo dos personagens mitológicos é uma constante nestes quadros, a justaposição das suas características positivas e negativas, femininas e masculinas, proporciona uma vibração interna, um movimento contínuo dentro do espaço das formas concisas.

O simbolismo da pintura de Lulah Small abrange o figurativo até o abstrato, sempre respeitando o caráter da divindade, suas funções e cores, adaptando a técnica de acordo.

ELFRIEDE O. SLAVETICH
Professora de Histórias da Arte da UFES

O simbolismo na interpretação dos Orixás

Desenhos de

Lulah Small

OXALÁ

Houston, Texas, 1980
Medidas: 36x51cm
Material: Mix Midea em papel grosso

OXALÁ

Simbolizado pelo Sol Nascente e Sol Poente.

O Sol por si mesmo é simbolizado pelo "pistilo" da flor, enquanto que os "raios" do Sol Nascente são as listras vermelhas, laranjas e as marrons o Sol Poente.

O MEU SOL É UMA FLOR.

Lulah Small

NANÃ BURUKU

Singapore, 1976
Medidas: 60X76CM
Material: Acrílico em tela

NANÃ BURUKU

Singapore, 1976
Medidas: 60X76CM
Material: Acrílico em tela

NANÃ BURUKU

Nanã é o Oriá da chuva.

E o seu leque é em forma de peixe, por isso eu a representei em forma de peixe com asas e um bico semelhante ao do "platypus"... Nanã é fluída, quase transparente, refrescante como a chuva. Só que a minha chuva é azul claro e lilás.

Lulah Small

OXUMARÉ

Houston, Texas, 1980
Medidas: 44x59cm
Material: Acrílico em papel grosso

OXUMARÉ

Sua personalidade complexa é visível nas quatro cobras em posição invertida sobre faixas verticais claras, separadas por faixas obliquamente. As cores verde, azul em diversas tonalidades frias aumentam o simbolismo.

Dra. Elfriede O. Slavetich

OMOLÚ OU XAPANÃ

Singapore, 1976
Medidas: 51x77cm
Material: Acrílico em papel grosso

OMOLÚ OU XAPANÃ

É simbolizado pela doença. O desenho representa um ser enroscado pela dor... Omolú ou Xapanã é um orixá poderoso que tanto cura como causa doença.

Lulah Small

EXU

Houston, Texas, 1980
Medidas: 28x43cm
Material: Acrílico em papel grosso

EXU

A representação de Exu é uma cabeça de bode sem chifre.

Lulah Small

OGUN

Houston, Texas, 1980
Medidas: 37x43cm
Material: Acrílico em papel grosso

OGUN

Personificando a guerra e a força por meio de uma armadura de forma quase abstrata e a cor incomum de um vermelho profundo.

Dra. Elfriede O. Slavetich

OXÓSSI

Vila, Novas Hébridas, 1972
Medidas: 35x324
Material: Acrílico em papel grosso

OXÓSSI

Oxóssi é simbolizado por uma floresta tropical.

Lulah Small

XANGÔ

Houston, Texas, 1980
Medidas: 38x54cm
Material: Acrílico em papel grosso

XANGÔ

A duplicidade do Xangô e seu atributo, o machado, aparece simbolicamente na forma da cabeça masculina-feminina.

Dra. Elfriede O. Slavetich

Xangô é hermafrodita, singularidade que cada vez menos vem sendo abordada.

Lulah Small

IANSÃ

Medidas: 55x70cm
Material: Mix Midea em papel grosso

IANSÃ

Simboliza o movimento: suas danças são guerreiras, ou de movimentação violenta, simulando desencadear os elementos da natureza.

Lulah Small

OXUM

Singapore, 1978
Medidas: 54x77cm
Material: Mix Midea em papel grosso

OXUM

Feminina com seu turbante, seus grandes brincos, uma perfeita síntese entre cor temática e as linhas aparentemente simples, repetindo as curvas do turbante.

Dra. Elfriede O. Slavetich

IEMANJÁ

Singapore, 1976
Medidas: 33,5x24,5cm
Material: Acrílico em papel grosso

IEMANJÁ

Misteriosa, com uma BATTOULAH, máscara usada pelas mulheres árabes do Golfo Pérsico que encobre parcialmente o rosto.

Lulah Small

IEMANJÁ

Houston, Texas, 1980
Medidas: 24,5x44cm
Material: Acrílico em papel grosso

IEMANJÁ

Misteriosa, com a máscara azul-escura sobre o rosto, as fendas para os olhos e as listras sobre a face em branco e vermelho, simboliza o dualismo em sua natureza divina, também destacado pela cor vermelha escura, formando a metade do fundo atrás dela, enquanto que sua forma feminina, indicada por seus colares e uma fita vermelha, é posta sobre fundo branco.

Dra. Elfriede O. Slavetich

IEMANJÁ

Medidas: 52x72cm
Material: Mix Midea em papel grosso

IEMANJÁ

Iemanjá dorme na sua "loca" numa posição fetal no fundo do mar, defronte a Praia de Santana, situada no Rio Vermelho, Salvador-BA.

Lulah Small

OLOKUN

Houston, Texas, 1980
Medidas: 22x56cm
Material: Acrílico em papel grosso

OLOKUN

Olokun, Senhor do Mares, metade homem, metade peixe, também tem sua “loca” nas profundezas do mar, defronte a Praia de Santana, situada no RIo Vermelho, Salvador-BA.

Lulah Small

+ LEMBRANÇA DO SENHOR DO BONFIM DA BAHIA +

FONTES DE PESQUISAS

BEUTTENMULLER, Alberto. Globetroter. Jornal do Brasil.14 de fevereiro de 1981

BURT BEN. The yoruba and their gods.

CÂMARA, Dom Helder. Arcebispo, Olinda e Recife.

CARNEIRO, Edison. Candomblés da Bahia. S.n.t. (Coleção Brasileira de Ouro).

DIÁRIO DE PERNAMBUCO, Curiosidades. 30 de março de 1958.

DA SILVA GOMES, Geraldo. Engenhos & arquitetura.

FGV, "Os escravos são os pés e as mãos do senhor de engenho".

FUNDAÇÃO JOAQUIM NABUCO. Av. 17 de agosto, 2187 – Casa Forte, Recife-PE.

HERSKOVITS, Melvilles e Frances. WIkepedia, enciclopedia livre.

MARQUES, Porto Filho. Ubaldo. Rio Vermelho. Amarv. Salvador. Bahia. 1991.

Museu of fine arts - Houston - Tx - USA.

MYHERITAGE. Descubra sua história.

SELJAN, Zora A. O. Iemanjá e suas lendas. S.I., Record, 1967.

SLAVETICH, Elfriede Orssich.

SMALL, Lulah. Andanças. Vitória: GSA, 2009.

SMALL, Lulah. Do Bilabong aos Orixás. Fundação Ceciliano Abel de Almeida UFES, 1980.

Wikipédia, a Enciclopédia livre.